28
용의 이빨로 도시를 세운 카드모스

주니어RHK

신화의 가치

신화는 한 민족의 기원이나 역사적 · 종교적 · 문화적 삶의 모습을 보여 주는 옛이야기입니다. 주로 신과 영웅에 관한 이야기가 많고, 오랫동안 입에서 입으로 전해 내려왔다는 특징이 있지요.

우리가 살펴볼 그리스 로마 신화는 고대 그리스와 로마에 전해 오는 신화와 전설을 한데 묶은 것입니다. 그리스 로마 신화는 고대의 삶을 엿보게 해 주는 문화유산일 뿐만 아니라, 세계 여러 나라의 문학과 미술에 큰 영향을 끼쳤습니다. 하지만 문화적 가치만큼이나 중요한 것이 또 있습니다. 오래된 옛이야기이면서도 거기에 담긴 교훈적 가치가 오늘날에도 여전히 쓸모 있고 중요하다는 사실입니다.

놀랍지 않나요? 수천 년 전의 이야기가 어떻게 과학 문명이 고도로 발달한 오늘날에도 통하는 것일까요? 그것은 바로 그리스 로마 신화에 나오는 신과 영웅의 모습이 오늘날 우리의 모습과 다르지 않기 때문입니다. 신들도 우리처럼 분노하고, 질투하고, 실수를 하지요. 그런 모습을 보면서 우리는 깔깔 웃거나 눈물을 흘리고, 교훈과 감동을 얻습니다. 우리가 그리스 로마 신화를 읽어야 하는 까닭이 바로 이것입니다.

신화의 세계로 떠날 여러분에게 한마디 덧붙이자면, 신화는 우리에게 끝없는 상상력을 요구한다는 점입니다. 신화 속에는 수많은 은유와 상징이 곳곳에 널려 있지요. 따라서 신화를 읽을 때에는 상상력을 최대한 발휘하여 신화 속에 숨겨진 의미를 찾고, 그것을 자기 나름대로 재해석하는 과정이 필요합니다. 이렇게 읽었을 때에야 비로소 여러분 앞에 놀라운 삶의 이야기가 펼쳐질 것입니다.

자, 그럼 흥미진진한 신화의 세계 속으로 함께 떠나 볼까요?

에우로페를 찾아 떠난 카드모스는
신의 뜻에 따라 새로운 도시를 세우기로 합니다.
하지만 도중에 무서운 용과 마주치게 되지요.
과연 카드모스는 용을 물리치고 도시를 세울 수 있을까요?
그리고 오랫동안 찾아 헤맨 그리운 동생을 만날 수 있을까요?

주요 등장인물

제우스

올림포스 신들의 왕으로
하늘과 벼락의 신이에요.
에우로페를 찾아 모험을 떠난
카드모스를 괴롭혀요.

아테나

제우스의 딸로 전쟁과
지혜의 여신이에요.
의롭고 정의로운 전쟁을 도와주고,
항상 투구를 쓰고 창을 들고
다녀요. 병사를 잃고
절망에 빠진 카드모스에게
병사를 얻을 수 있는
방법을 알려 주어요.

아폴론

제우스의 아들로,
태양과 예언의 신이에요.
또 의술, 활솜씨, 음악의 신이기도
해요. 정의로운 카드모스가
마음에 들어 그에게 새로운 도시를
건설하게 해요.

에우로페

페니키아의 왕 아게노르의
딸이에요. 제우스에게 납치를
당했다가 인간 세상으로
다시 내려와 크레타 섬의 왕과
결혼해요.

카드모스

에우로페의 오빠이자
페니키아의 왕자예요.
아폴론의 신탁을 받고
새 도시를 건설한 뒤,
동생 에우로페와 만나게 돼요.

1
아폴론의 신탁

"에우로페를 찾는 일은 이제 그만두어라."

"예?"

뜻밖의 말에 카드모스는 고개를 들었습니다.

카드모스는 동생을 찾기 위해 항해를 계속했습니다. 배 위에서의 생활이 길어지자 병사들은 점점 지쳤습니다. 카드모스는 일단 육지로 올라가기로 마음을 먹었습니다.

“가까운 항구로 가자.”

카드모스와 일행은 마침내 길고 힘들었던 항해를 마치고 땅에 발을 디뎠습니다. 그들이 도착한 곳은 트라키아였습니다. 트라키아 사람들은 카드모스를 환영했습니다.

“소문은 들었습니다. 힘든 항해를 하셨다면서요? 이곳에서 편히 쉬다 가십시오.”

트라키아는 좋은 곳이었습니다. 사람들도 친절했고 먹을 것도

풍족했습니다. 하지만 그곳에 계속 머물 수는 없었습니다.

하루빨리 에우로페를 찾아 집으로 돌아가야만 했으니까요. 하지만 어디로 가서 에우로페를 찾아야 할지 막막하기만 했습니다.

그때 부하 한 명이 카드모스에게 조심스레 말을 건넸습니다.

"예언의 신 아폴론이 계시는 델포이로 가 보는 게 어떨까요?"

카드모스는 부하의 말을 받아들여 태양의 신 아폴론의 신전이 있는 델포이로 가기로 했습니다. 사람들은 해결하기 어려운 일이 생기면 신전으로 가 아폴론의 뜻을 묻곤 했습니다.

카드모스는 신전에 도착해 무릎을 꿇었습니다. 그러고는 아폴론에게 자신이 찾아온 이유를 밝혔습니다.

"아폴론 신이시여. 제 동생 에우로페가 있는 곳을 알려 주십시오. 에우로페는 어느 날 갑자기 나타난 흰 소에게 끌려갔습니다. 바다로 갔다는 소식을 들은 저는 이 세상 모든 바다를 찾아다녔습니다. 하지만 그 어느 곳에서도 에우로페를 찾을 수 없었습니다. 아폴론 신이시여, 저에게 지혜를 주십시오. 그리하여 에우로페가 있는 곳을 알게 해 주십시오."

잠시 후 신전 안에 커다란 목소리가 울려 퍼졌습니다. 그것은 바로 아폴론의 목소리였습니다.

델포이의 아폴론 신전

델포이는 그리스의 중부 파르나소스 산 중턱에 있는 성지로, 그곳에 아폴론의 신전이 있어요. 사람들은 이곳에서 아폴론 신을 섬기는 제사를 드리고 신의 말씀을 듣곤 했어요. 옛날 제우스가 두 마리의 독수리를 날려 세상의 중심을 찾으라 했는데, 바로 이곳에서 두 마리의 독수리가 만났다고 해요. 그래서 사람들은 이곳을 세상의 중심으로 삼고, 대지의 배꼽이라는 뜻의 옴파로스라는 돌로 표시를 했답니다.

"용감한 카드모스여, 너에게 *조언을 해 주겠다."

"부디 말씀해 주십시오."

"에우로페를 찾는 일은 이제 그만두어라."

"예?"

뜻밖의 말에 카드모스는 고개를 들었습니다. 아폴론 신이 왜 에우로페 찾는 일을 그만두라고 하는지 이해할 수 없었습니다.

"제가 동생을 찾는 일을 그만두어야 하는 이유를 알려 주십시오."

"에우로페는 잘 지내고 있다. 그러니 그냥 내버려 두는 것이 좋다. 그게 이유이다."

*조언 말로 거들거나 깨우쳐 주어서 도움. 또는 그 말.

“하지만 에우로페를 찾지 못하면 저는 집으로 돌아가지 못합니다. 그러니 무슨 일이 있더라도 에우로페를 데리고 가야 합니다.”

“그렇다면, 네가 제우스 님에게서 에우로페를 데려올 수 있겠느냐?”

카드모스는 제우스라는 말에 깜짝 놀랐습니다. 그제야 바다에서 갑자기 흰 소가 나타나 에우로페를 납치한 일이 이해가 되었습니다. 그것은 제우스의 힘으로만 가능한 일이었던 것입니다.

“어떻게 최고의 신께서 그러실 수 있습니까?”

“네가 지금 감히 신들의 왕 제우스 님을 *비난하는 것이냐?”

“아닙니다, 저는 다만…….”

카드모스는 더 이상 말을 잇지 못했습니다. 에우로페가 제우스의 손에 있는 한, 동생을 되찾아 온다는 것은 불가능한 일이었습니다. 카드모스는 동생과 함께 집으로 돌아갈 수 없다는 사실이 무척 슬펐습니다.

잠시 뒤, 아폴론이 다시 카드모스에게 말했습니다.

“에우로페는 하늘에서 신들의 귀여움을 받으며 잘 살고 있다.

*비난 남의 잘못이나 결점을 책잡아서 나쁘게 말함.

하지만 정 에우로페가 걱정된다면 다시 볼 수 있는 방법을 말해 주겠다."

카드모스는 귀가 번쩍 뜨였습니다.

"그게 뭡니까? 어서 말씀해 주십시오."

"*성스러운 암소를 찾아, 새로운 도시를 건설하면 된다."

"그 암소는 어떻게 찾을 수 있습니까?"

"그 소의 몸에는 달 모양이 그려져 있다. 그 소는 한 번도 쟁기를 끌어 본 적이 없는 소로, 그 소가 가다가 지쳐 쓰러질 때까지 따라가라. 소가 멈춘 곳이 바로 네가 도시를 세울 곳이다."

*성스러운 함부로 가까이할 수 없을 만큼 고결한.

카드모스는 병사들과 길을 떠났습니다. 목동들에게 소에 대해 물었지만 모두 고개를 저을 뿐이었습니다. 슬슬 지쳐 갈 때쯤 누군가가 외쳤습니다.

"저기 저 소를 보십시오."

들판에서 풀을 뜯는 소 떼 틈에 몸에 선명한 달 모양이 있는 소 한 마리가 눈에 띄었습니다. 카드모스는 목동에게 다가갔습니다.

"혹시 이 소가 쟁기를 끌어 본 적이 있소?"

"없습니다."

카드모스는 곧바로 목동에게서 그 소를 산 다음, 고삐를 풀어 주었습니다. 소는 한 번 크게 울더니 어딘가로 향하기 시작했습니다. 소는 며칠 동안 쉬지 않고 걷다가 마침내 그대로 쓰러졌습니다. 카드모스는 병사들에게 외쳤습니다.

"여기가 바로 우리가 새 도시를 세울 곳이다."

2
용과의 결투

"내 부하들을 죽인 죄는 결코 용서할 수 없다.

자, 어서 덤벼라. 오늘이 너의 마지막 날이 될 것이다!"

용은 카드모스의 말을 비웃기라도 하듯 혀를 날름거렸습니다.

새 도시를 세울 곳을 찾은 카드모스는 아폴론에게 소를 바치는 제사를 준비했습니다. 제사를 올리려면 맑은 물이 필요했습니다. 카드모스는 병사들을 불러 말했습니다.

"이 근처에 아레스의 샘이 있을 것이다. 그곳에 가서 깨끗한 물을 길어 오너라."

그런데 웬일인지 물을 길어 간 병사들은 한참이 지나도 돌아오지 않았습니다. 카드모스는 또 다른 병사들을 불렀습니다.

"이번에는 너희가 가 보거라."

새로 보낸 병사들도 마찬가지였습니다. 그러자 남아 있던 병사 몇 명이 이번에는 자기들이 가 보겠다고 나섰습니다.

"무슨 일이 있을지 모르니 조심해야 한다."

카드모스는 거듭 당부를 한 뒤 병사들을 보냈습니다. 하지만 이번에도 마찬가지였습니다. 병사들에게서는 아무런 소식이 없었습니다.

아무래도 무슨 일이 난 것이 분명했습니다. 카드모스는 무기를 들고 자리에서 일어났습니다.

조금 가니 오래된 숲이 나타났습니다. 나무들은 크고 굵었습니다. 사람들의 손길을 타지 않은 나무들이었습니다. 나무들을 헤치고 조금 더 걸어가니 마침내 샘이 나타났습니다.

카드모스는 주위를 살피며 샘으로 다가갔습니다. 샘 옆에 선 카드모스는 깜짝 놀랐습니다. 병사들의 옷과 무기가 바닥에 어지럽게 흩어져 있었기 때문입니다. 하지만 정작 병사들의 모습은 보이지 않았습니다.

카드모스는 *불길한 느낌에 휩싸였습니다. 부하들은 모두 죽은 것이 틀림없었습니다. 카드모스는 큰 소리로 외쳤습니다.

"감히 내 병사들을 죽이다니, 어떤 놈이냐? 어서 나타나 나와 겨뤄 보자."

바로 그때였습니다. 세상이 떠나갈 듯한 *괴성과 함께 동굴 안에서 무시무시한 괴물이 밖으로 나왔습니다. 그것은 바로 용이었습니다.

*불길한 운수 따위가 좋지 않은. 또는 일이 예사롭지 않은.
*괴성 괴상한 소리.

카드모스와 아레스의 용

〈카드모스와 용〉 프란체스코 수카렐리

그리스의 테바이에는 전쟁의 신 아레스가 특별히 여기는 샘이 있다고 전해져요. 아레스는 용으로 하여금 이 샘을 지키게 했는데, 사실 그 용은 아레스의 자식이었어요. 카드모스는 용을 죽인 죄로 이후 8년 동안이나 아레스의 노예로 지내요. 하지만 이 기간이 끝나자 아레스는 카드모스에게 그동안의 보상으로 아프로디테와의 사이에서 태어난 딸 하르모니아를 아내로 주어요. 또 다른 전설에 의하면, 카드모스가 죽인 것은 용이 아니라 왕뱀이었다고 해요.

언뜻 보아도 용의 몸집은 카드모스보다 몇 배나 컸고, 거대한 날개와 무서운 이빨이 대단히 *위협적이었습니다. 용이 한 걸음 내디디자 카드모스는 저도 모르게 뒷걸음질을 쳤습니다. 그래도 용기는 잃지 않았습니다.

"내 병사들을 죽인 게 바로 너로구나."

용은 대답이라도 하는 듯 머리를 위아래로 흔들며 *포효했습니다.

*위협적 으르고 협박하는 듯한.
*포효 사나운 짐승이 울부짖음.

그 소리가 어찌나 큰지 귀가 멀 지경이었습니다. 카드모스는 똑바로 서서 용을 노려보며 말했습니다.

"내 부하들을 죽인 죄는 결코 용서할 수 없다. 자, 어서 덤벼라. 오늘이 너의 마지막 날이 될 것이다!"

용은 카드모스의 말을 비웃기라도 하듯 혀를 날름거렸습니다. 입에서는 사나운 불길이 뿜어져 나왔고, 그 사이로 갈라진 혀와 날카로운 이빨이 보였습니다.

"자, 받아라!"

카드모스는 온 힘을 다해 바위를 던졌습니다. 바위는 용의 이마를 정확히 맞혔습니다. 그러나 용은 끄떡도 하지 않았습니다. 이번에는 창을 던졌습니다. 카드모스의 손을 떠난 창이 용의 목을 뚫어 깊은 상처를 냈습니다. 용은 온몸을 비틀며 고통스러운 듯 비명을 질렀지만, 카드모스는 공격을 멈추지 않았습니다.

"자, 하나 더 받아라!"

카드모스는 자신에게 달려드는 용을 향해 또 다른 창을 던졌습니다. 창은 용의 가슴을 꿰뚫고 나무에 날아가 박혔습니다. 그 바람에 용 또한 나무에 매달리는 신세가 되었습니다. 마침내 용은 거친 숨을 한 번 내뱉고 몸을 크게 떨더니 더 이상 움직이지 않았습니다.

3
도시를 세운 카드모스

“여기 이곳은 우리가 도시를 건설할 곳이니,
모두 도시 세우는 일을 열심히 하기 바란다.”
카드모스의 말에 병사들은 갑옷을 벗고 칼을 놓고는
대신 쟁기와 낫을 들었습니다.

카드모스는 용을 물리친 샘에서 물을 길어 와서 제단을 쌓고 아폴론에게 소를 바쳤습니다. 새 도시의 이름도 정했습니다. '보이오티아', 즉 '소의 땅'이란 뜻이었습니다.

카드모스는 한숨을 쉬었습니다. 새 도시를 세울 땅은 얻었지만 용과의 싸움으로 남아 있던 병사들마저 잃고 말았습니다.

혼자만의 힘으로는 도저히 도시를 세울 수 없는 노릇이었습니다.

'이를 어떻게 한다? 아폴론 님께서 도시를 세워야 에우로페를 다시 만날 수 있다고 했는데…….'

그런데 절망에 빠져 있는 카드모스 앞에 아테나 여신이 나타났습니다. 아테나는 카드모스에게 말했습니다.

"카드모스, 왜 그렇게 힘없이 앉아 있는 것이냐?"

"아, 위대한 여신님. 도시를 건설해야 하는데 병사들을 모두 잃고 말았습니다. 혼자서는 도저히 도시를 세울 *엄두가 나지 않습니다."

"너는 혼자가 아니다."

"예? 무슨 말씀인지요?"

***엄두** 감히 무엇을 하려는 마음을 먹음. 또는 그 마음.

아테나는 카드모스에게 이렇게 말했습니다.

“용을 죽인 곳으로 돌아가라.”

“아레스의 샘으로 말입니까?”

“그래, 그곳에 가거든 용의 이빨을 모두 뽑아서 땅에 뿌려라.”

“용의 이빨이요? 그렇게 하면 어떻게 된다는 말씀입니까?”

하지만 아테나는 이미 사라지고 없었습니다. 카드모스는 영문을 몰라 고개를 갸웃거렸지만, 방법은 하나밖에 없었기에 아테나의 말을 따르기로 했습니다.

카드모스는 아레스의 샘으로 되돌아갔습니다.

그러고는 쓰러져 있는 용의 이빨을 남김없이 뽑아 아테나의 말대로 땅에 뿌렸습니다. 그러고는 한 걸음 물러서서 어떤 일이 벌어지는지 가만히 지켜보았습니다.

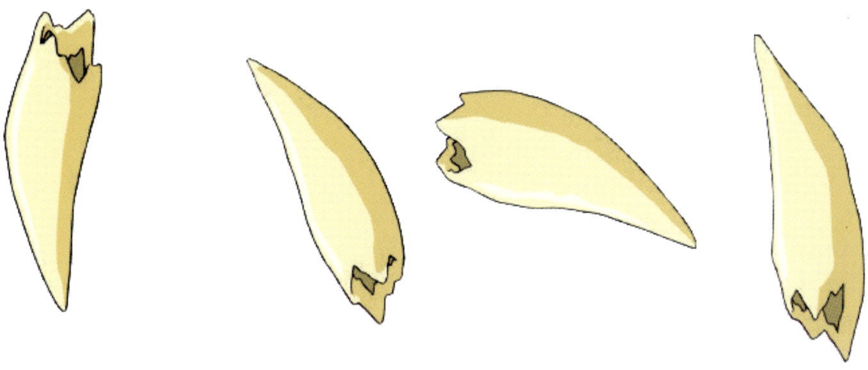

잠시 뒤 믿기지 않는 일이 벌어졌습니다. 땅에 뿌려진 이빨들이 벌레처럼 꿈틀거리더니 조금씩 형체를 갖추어 나가기 시작했습니다.

'아니, 저건 사람의 머리잖아.'

카드모스의 말대로 이빨은 점차 사람의 머리 모양으로 변해 갔습니다. 머리에는 투구까지 쓰고 있었습니다. 이제 완전해진 머리는 땅에서 나오려고 버둥거렸습니다. 그러자 이제는 몸통까지 생겨났습니다. 머리와 몸이 생겨나자 다리까지 생겼습니다. 카드모스 앞에는 투구와 갑옷을 완전히 갖춘 병사들이 줄지어 나타났습니다. 카드모스는 그들에게 다가서려다가 멈추었습니다.

'우선은 지켜보는 게 좋겠어. 저들이 내 편인지 아닌지 아직은 알 수 없으니까.'

병사들은 말없이 서서 서로를 바라보았습니다.

떨어져서 이를 지켜보던 카드모스는 바닥에서 돌멩이 하나를 집어 들었습니다. 그리고 그 돌멩이를 병사들이 서 있는 곳에 던진 뒤 몸을 숨겼습니다.

"아얏! 누가 돌을 던진 거지?"

병사 하나가 험악한 얼굴을 하고는 주위를 둘러보았습니다. 카드모스는 혹시 눈에 띌까 봐 더 깊이 몸을 숨겼습니다. 병사는 돌을 던진 사람을 찾지 못하자 자기 앞에 선 병사에게 화를 냈습니다.

"네가 돌을 던졌지?"

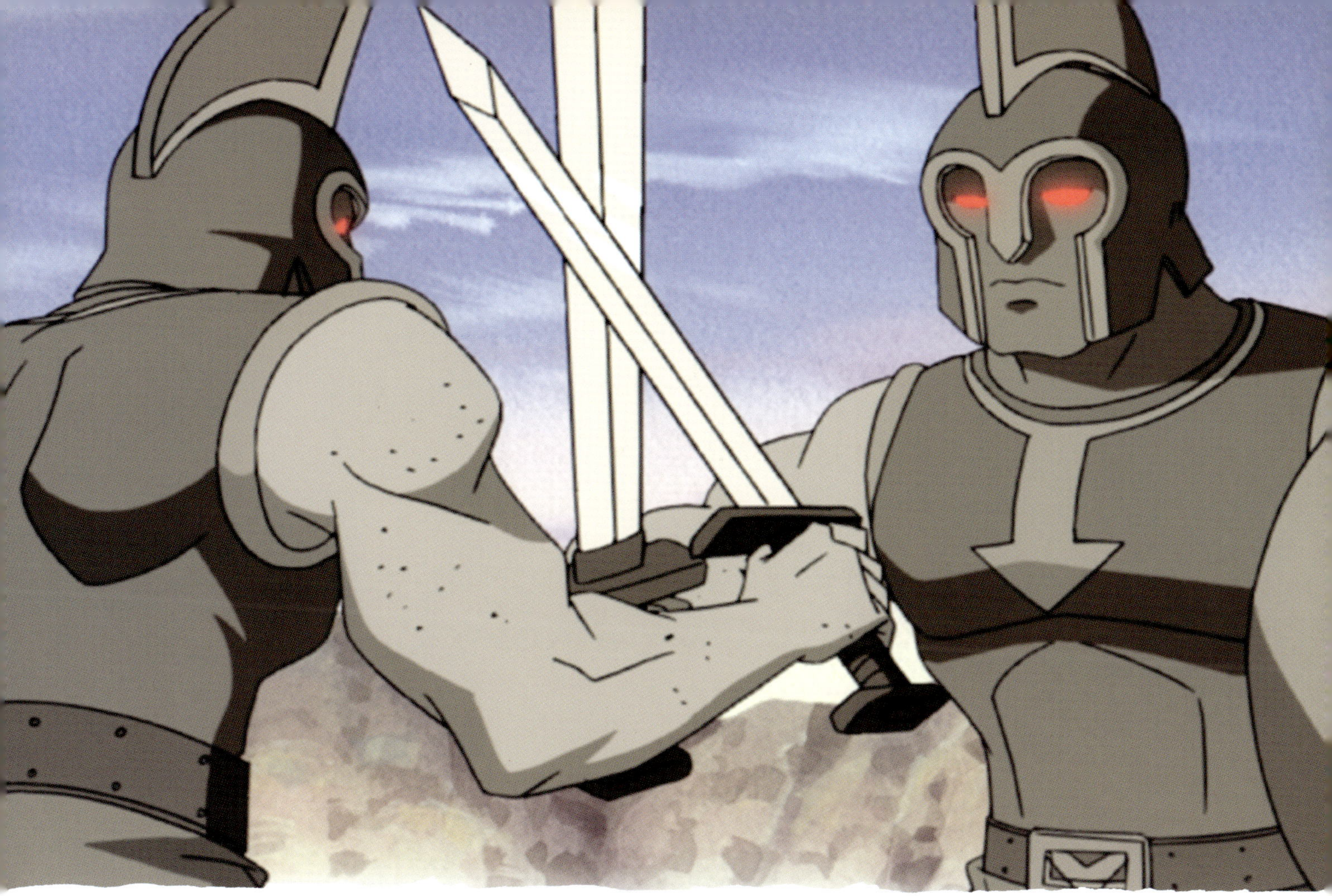

"나는 그런 적 없어."

"*시치미 떼지 마. 너 아니면 누가 던졌겠어?"

돌멩이를 맞은 병사는 다짜고짜 자기 앞의 병사를 향해 칼을 휘둘렀습니다. 갑작스럽게 공격을 당한 병사도 칼을 뽑아 들었습니다. 그런데 칼을 뽑다가 옆에 선 병사를 건드리고 말았습니다.

"아니, 지금 나를 공격한 거야?"

옆에 선 병사도 칼을 뽑아 들었습니다. 그러자 갑자기 모든 병사들이 칼을 뽑았습니다.

*__시치미__ 자기가 하고도 안 한 척, 알고도 모르는 척하는 태도.

잠깐 사이에 큰 싸움이 벌어졌습니다. 돌멩이 하나가 모두를 싸움으로 내몬 셈이었습니다. 싸움은 무시무시했습니다. 칼에 맞은 병사 하나가 그대로 쓰러졌습니다. 카드모스는 자리에서 벌떡 일어나 큰 소리로 외쳤습니다.

"싸움은 그만두시오. 돌멩이를 던진 것은 바로 나요."

하지만 카드모스의 말에 귀를 기울이는 병사는 한 사람도 없었습니다. 쨍쨍 칼날 부딪치는 소리가 *허공에 울려 퍼졌습니다. 그때마다 병사들이 하나둘 바닥에 픽픽 쓰러졌습니다. 병사들의 실력은 보통이 아니었습니다.

카드모스는 뛰어난 실력을 가진 병사들이 죽는 것이 무척이나 안타까웠습니다. 그러나 병사들을 싸우게 만든 것은 다름 아닌 카드모스 자신이었습니다. 카드모스는 한쪽으로 물러나 싸움이 끝나기만을 기다렸습니다.

*허공 텅 빈 공중.

마침내 다섯 명의 병사만 살아남았습니다. 병사들은 아직도 손에 칼을 쥐고 있었지만 더 이상 공격하지 않았습니다.

카드모스는 헉헉대는 병사들에게 다가갔습니다.

"병사들이여, 당신들을 땅에서 솟아나게 한 건 바로 나요. 저기 죽어 있는 용의 이빨을 뿌렸더니 당신들이 나온 거요."

그 이야기를 듣자 병사들은 카드모스 앞에 무릎을 꿇었습니다.

"우리에게 생명을 주신 분이로군요. 앞으로는 우리의 주인님으로 모시겠습니다."

"알겠소. 그렇다면 이름을 지어 주겠소. 스파르토이는 어떻소?"

"씨에서 나온 사람들이라는 뜻이로군요. 멋진 이름입니다."

용의 이빨을 뿌리는 카드모스

〈용의 이빨을 뿌리는 카드모스〉 페테르 파울 루벤스

카드모스가 용의 이빨을 땅에 뿌린 다음에 일어난 일을 그린 그림이에요. 한쪽에는 죽은 용이 보이고, 그 옆에 용의 이빨에서 태어난 병사들이 보여요. 그리고 병사들은 자기들끼리 싸우고 있어요. 카드모스는 그 모습을 가만히 지켜보고 있어요. 용의 이빨에서 나온 '스파르토이'는 뒤에 카드모스가 세운 도시의 귀족이 되었다고 해요.

이렇게 해서 용의 이빨에서 태어난 병사들은 카드모스의 부하가 되었습니다. 카드모스는 첫 번째 명령을 내렸습니다.

"여기 이곳은 우리가 도시를 건설할 곳이니, 모두 도시 세우는 일을 열심히 하기 바란다."

카드모스의 말에 병사들은 갑옷을 벗고 칼을 놓고는 대신 쟁기와 낫을 들었습니다. 그러고는 열심히 땅을 파고 돌을 골랐습니다. 땅을 고르고 다지는 작업이 끝나자 이제는 집과 성을 지었습니다. 카드모스도 병사들과 함께 열심히 일을 했습니다.

몇 해를 쉬지 않고 열심히 일한 덕분에 마침내 도시가 완성되었습니다. 카드모스는 언덕 위로 올라가 자신과 병사들이 세운 도시를 살펴보았습니다. 여섯 명의 힘으로 완성된 도시라고는 믿기지 않을 만큼 웅장하고 아름다웠습니다. 이제 도시를 세웠으니 에우로페를 찾으러 가는 일만 남았습니다.

4
에우로페와의 만남

"오빠!"

카드모스도 에우로페를 알아보았습니다.

카드모스는 활짝 웃으며 동생을 향해 두 팔을 벌렸습니다.

"에우로페야, 드디어 너를 다시 만나는구나."

카드모스는 도시의 이름을 '테바이'라고 지었습니다. 새로운 도시가 만들어졌다는 소식이 사람들 사이에 널리 퍼지자, 사람들이 하나둘씩 도시로 몰려오기 시작했습니다. 얼마 안 가 테바이는 많은 사람들로 가득 찬 활기 넘치는 도시가 되었습니다.

카드모스는 사람들과 함께 제단을 쌓고 기도를 올렸습니다.

"저희가 건설한 테바이에 은총을 베풀어 주십시오."

그러자 하늘에서 빛이 내려와 도시 곳곳을 비추었습니다. 올림포스의 신들이 테바이의 건설을 함께 기뻐하고 있다는 증거였습니다. 사람들은 기쁨에 넘쳐 카드모스의 곁으로 모여들었습니다.

"카드모스 님을 우리의 왕으로 모시겠습니다."

사람들은 카드모스를 향해 절을 했습니다. 이렇게 해서 카드모스는 새로운 도시 테바이의 첫 번째 왕이 되었습니다.

그리스의 고대 도시 국가 테바이

테바이는 그리스 보이오티아 지방에 세워진 도시 국가예요. 보이오티아의 한가운데에 자리 잡았으며, 군사 시설이나 방위가 잘 갖추어져 있었어요. 기원전 335년에 마케도니아의 알렉산드로스 대왕에게 멸망하기 전까지 테바이는 아테나이와 함께 그리스의 가장 강력한 도시 국가 중 하나였어요. 이곳은 신화에도 자주 등장하는데, 카드모스뿐만 아니라 오이디푸스와 디오니소스의 이야기도 전해 온답니다.

테바이의 건설을 지켜본 것은 신들만이 아니었습니다. 제우스의 곁에 머무르고 있던 에우로페도 자신의 오빠가 온갖 고생 끝에 도시를 세우는 것을 처음부터 끝까지 지켜보았습니다. 에우로페의 눈에 그렁그렁 눈물이 맺혔습니다. 에우로페를 찾아온 제우스가 우연히 그 모습을 보았습니다.

"에우로페, 하늘에서 사는 것이 별로 기쁘지 않은 것이냐?"

"하늘도 좋긴 하지만 그래도 땅에서 살고 싶습니다. 저는 신이 아닌 인간이니까요."

제우스는 잠시 고민을 했습니다.

"알겠다. 네 소원을 들어주마."

제우스는 에우로페를 인간 세상으로 다시 돌려보내기로 마음먹었습니다.

"정말인가요? 제우스 님. 아, 감사합니다."

제우스는 다시 흰 소로 변해, 기뻐서 어쩔 줄 모르는 에우로페를 등에 태우고는 크레타 섬으로 향했습니다.

제우스는 에우로페를 크레타 섬에 내려 준 뒤, 원래의 모습으로 돌아왔습니다.

"이곳에서 너는 사랑과 존경을 받으며 살게 될 것이다."

제우스의 말에 에우로페가 정중히 고개를 숙이며 인사했습니다.

"정말 고맙습니다."

"고맙기는. 네 말대로 인간은 인간의 땅에서 사는 것이 어울리지."

제우스는 말을 마치고 다시 하늘로 올라갔습니다. 제우스가 사라지자, 숨죽이고 그 광경을 지켜보던 사람들이 에우로페의 곁으로

다가와 절을 했습니다.

"당신은 정말로 귀한 분입니다."

"우리 곁을 떠나지 말아 주십시오."

크레타 사람들은 에우로페를 왕에게 데려갔고, 왕은 에우로페를 왕비로 삼았습니다. 제우스의 말대로 에우로페는 사람들의 존경을 받으며 살게 되었습니다.

한편 테바이의 왕이 된 카드모스 앞에 아폴론이 나타났습니다.

"내 말대로 새로운 도시를 세웠구나. 약속을 지켰으니 이제 에우로페를 만나게 해 주겠다."

"고맙습니다. 어디로 가야 에우로페를 만날 수 있습니까?"

"에우로페는 크레타 왕과 결혼해 살고 있으니, 그곳으로 가 보거라."

카드모스는 귀한 물건들을 배에 싣고 서둘러 크레타를 향해 갔습니다. 하루라도 빨리 에우로페를 만나고 싶어 애가 탔습니다.

하지만 조금만 있으면 만날 수 있다고 생각하니 마음이 점차 가라앉았습니다.

카드모스가 크레타 섬에 도착하자 크레타의 병사들이 배를 둘러쌌습니다. 카드모스는 무기를 내려놓고 그들 앞에 섰습니다.

"내 동생을 만나러 왔소. 동생의 이름은 에우로페요."

"에우로페라면, 바로 왕비님이잖아?"

병사들은 서둘러 궁전으로 가서 왕비 에우로페에게 이 소식을 알렸습니다.

오빠가 자신을 찾아왔다는 이야기를 들은 에우로페는 뛰다시피 바닷가로 향했습니다. 병사들의 말은 사실이었습니다. 오래전에 헤어졌던 오빠 카드모스가 머리에 왕관을 쓴 늠름한 모습으로 서 있었습니다.

"오빠!"

카드모스도 에우로페를 알아보았습니다. 카드모스는 활짝 웃으며 동생을 향해 두 팔을 벌렸습니다.

"에우로페야, 드디어 너를 다시 만나는구나."

오누이는 서로 얼싸안고 눈물을 흘렸습니다. 포기할 줄 모르는 카드모스의 용기와 노력 덕분에 마침내 두 사람은 다시 만나게 된 것입니다.

카드모스의 불행한 운명

테바이를 건설한 카드모스는 아프로디테의 딸 하르모니아와 결혼을 해요. 둘은 자식을 여럿 두었는데, 그중에는 이노와 세멜레도 있었지요. 이노와 세멜레는 헤라의 노여움을 사 비극적으로 생을 마치고, 카드모스의 손자 악타이온과 펜테우스도 비참하게 죽고 말아요. 가족에게 닥친 불행에 카드모스는 자신의 운명을 한탄하며 아레스의 용을 죽인 것을 후회해요. 모든 비극이 바로 그 용에게서 비롯되었기 때문이지요. 차라리 자신이 뱀인 게 나았을 거라고 되뇌던 카드모스는 그 자리에서 뱀으로 변하고, 하르모니아도 신에게 빌어 남편을 따라 뱀이 된답니다.

신화 뒷이야기

OLYMPUS GUARDIAN

옛날 그리스 사람들은 세상의 모든 일이 신의 뜻으로 결정된다고 생각했기 때문에 자신들이 해결하거나 풀지 못하는 문제가 생기면 신들에게 뜻을 물었습니다. 이것을 신탁이라고 하지요. 신탁은 때로 신들이 인간에게 자신의 뜻을 전하는 용도로 사용하기도 했습니다. 카드모스 역시 동생 에우로페를 찾으러 어디로 가야 할지 몰라 아폴론 신전으로 찾아가 신의 뜻을 물어보았지요.

당시 사람들은 각 신과 관련된 여러 가지 물건을 신탁을 받는 데 이용했습니다. 아폴론 신의 신전에 신탁을 받으러 간 사람들은 아폴론 신의 나무인 월계수 잎을 씹거나 먹었고, 제우스 신에게 신탁을 받으러 간 사람들은 제우스가 돌보는 나무인 떡갈나무의 잎으로 점을 치기도 했습니다. 신탁을 받는 가장 흔한 방법은 신전에서 잠을 자다 꿈속에 나오는 상징으로 신들의 뜻을 알아내는 것이었지요.

이런 신탁은 해석하는 사람에 따라 여러 가지 의미로 해석되어 정확한 의미를 알기 어려웠습니다. 무조건 동쪽으로 가라든가, 특정한 사람의 이름만 가지고 신의 뜻을 파악해야 하기도 했으니까요.

이처럼 신 중심의 사회에서 모든 일에 신의 뜻을 물었던 풍습을 설명하는 데는 의견이 분분합니다. 고대 사회에서는 사람의 능력으로 해결할 수 없는 문제들이 많았기 때문에, 모든 것을 신의 뜻으로 돌리면 비난은 면할 수 있었지요. 실제로는 사람들의 뜻대로 하다가 일어난 일도 신탁대로 했을 뿐이라고 말하면 대부분이 고개를 끄덕였으니까요. 따라서 사람들의 이성이 발달하며 신탁에 의존하던 사람들이 점점 사라져 간 것은 어쩌면 당연한 일인지도 모릅니다.

문명과 과학이 발달하면서 주변에서 일어나는 이상한 현상들이 사실은 신의 뜻이 아니라 자연 현상이라는 것이 밝혀지기도 했습니다. 또 삶과 죽음이 신의 뜻으로 결정되는 것이 아니라, 의료 기술이 발달하여 사람의 목숨을 연장할 수 있다는 것을 알게 되면서 신에 의지하던 사고방식이 서서히 바뀌게 되었지요.

올림포스 신들의 계보

크로노스 + 레아
하데스
지하 세계의 왕
포세이돈
바다의 신
제우스
신들의 왕
헤라
신들의 여왕,
제우스의 아내
헤스티아
난로·불의 여신
데메테르
대지의 여신
아테나
지혜 · 전쟁의 여신
제우스 + 메티스
아폴론
의술 · 음악의 신
제우스 + 레토
아르테미스
사냥 · 순결의 여신
아스클레피오스
의술의 신
아레스
전쟁의 신
제우스 + 헤라
헤파이스토스
대장간의 신
제우스 + 디오네
아프로디테
헤파이스토스의 아내,
미의 여신
에로스
사랑의 신
헤르메스
신들의 전령,
상업의 신
제우스 + 마이아
디오니소스
술의 신
제우스 + 세멜레
페르세포네
하데스의 아내
지하 세계의 여왕
제우스 + 데메테르

그리스 로마 신화 주요 인물의 이름

그리스 어	로마 어	영어
가이아	텔루스	
니케	빅토리아	나이키, 빅토리
데메테르	케레스	세레스
디오니소스	바쿠스	바커스
레아	키벨레	시벨레
아레스	마르스	마스
아르테미스	디아나	다이애나
아테나	아테네, 미네르바	
아폴론	아폴로	아폴로
아프로디테	베누스	비너스
에로스	쿠피드, 아모르	큐피드
오디세우스	울릭세스	율리시스
우라노스	카일루스	유러너스
제우스	유피테르	주피터
크로노스	사투르누스	새턴
페르세포네	프로세르피나	
포세이돈	넵투누스	넵튠
하데스	플루톤	플루토
헤라	유노	주노
헤라클레스	헤르쿨레스	허큘리스
헤르메스	메르쿠리우스	머큐리
헤스티아	베스타	
헤파이스토스	불카누스	벌컨

그리스 로마 신화 올림포스 가디언 28
용의 이빨로 도시를 세운 카드모스

펴낸이 양원석
펴낸곳 (주)알에이치코리아
등록 2004년 1월 15일 제2-3726호
주소 서울특별시 금천구 가산디지털2로 53, 20층 (한라시그마밸리)
문의전화 02)6443-8800

ISBN 978-89-255-4420-5(74800)
ISBN 978-89-255-4354-3(세트)

값 **12,800원**

원작 만화로 보는 그리스 로마 신화(가나출판사)
이광진 엮음, 홍은영 그림
명화 구입처 유로크레온(주)

※잘못된 책은 구입하신 곳에서 바꾸어 드립니다.
※책 모서리가 날카로워 다칠 수 있으니 사람을 향해 던지거나 떨어뜨리지 마십시오.